www.ingramcontent.com/pod-product-compliance
Lightning Source LLC
Chambersburg PA
CBHW042020110726
48006CB00004B/1161

© واحة الحكايات للنشر والتوزيع
الإمارات العربية المتحدة
واحة دبي للسليكون

Wahat Alhekayat publishing
and distribution
Dubai - UAE

UAE: 0097143336366
00971504599804
00971558236687
E: info@wahatalhekayat.com
متجر واحة الحكايات
www.wahatalhekayat.com
أكاديمية واحة الحكايات
مكتبة إلكترونية ومنصة تعليمية
www.wahatalhekayat.academy
هيا نصنع قوس قزح
تأليف: د. صفاء عزمي
رسوم: ناتاليا
ISBN 978-9948-16-273-5

متجر واحة الحكايات

أكاديمية واحة الحكايات

هَيّا نَصْنَعُ قَوْسَ قُزَح

تأليف: صفاء عزمي

رسوم: ناتاليا

كانَ هِشامُ وعُمَرُ يُحِسَّانِ بِالسَّعادَةِ والنَّشاطِ، وهُما يَسْبَحانِ
ويتَسابَقانِ في مِياهِ البُحَيْرَةِ المُلَوَّنَةِ بِألوانِ قَوْسِ قُزَح.
قالَ عُمَرُ: لَيْتَ نادينَ كانتْ مَعَنا لِتُشاهِدَ قَوْسَ قُزَحٍ
يَمْلأُ السَّماء.
قالَ هِشامُ: مادامَتِ القِطَّةُ نونو قَدْ حَضَرَتْ فَسَوْفَ
تَلْحَقُ بها نادينُ بِسُرْعَة.

وَصَلَـتْ نادينُ إلى الْبُحَيْـرَةِ مُتَـأَخِّـرَةً ومَعَها بَطَّتُها.
قالَ عُمَرُ: لِماذا تَأَخَّرتِ يا نادين؟
قالَ هِشامٌ: لَقَد شاهَدْنا قَوْسَ قُزَحٍ، لَقَدْ كانَ كَبيراً حَتّى إنَّهُ
مَلأ السَّماء. قالتْ نادين: وأيْنَ هُوَ الآن؟

رَدَّ هِـشامٌ: لَقَدِ اخْـتَفى.
قالَتْ نادين: وأيْنَ ذَهَب؟
قالَ عُمَرُ: رُبَّـما ذَهَبَ إلى مكانٍ آخَر.
قالتْ نادين: ومَتى سَيَـعودُ؟
لَمْ يَرُدَّ هِـشامٌ ولَـمْ يَرُدَّ عُـمَر.

قالَ هِـشامٌ: هَيّا اسْبَحي مَعَنا يا نادين.
قالتْ نادينُ: لا.. لا سَأنْتَظِرُ حَتَّى يَعودَ
قَوْسُ قُزَحٍ مَرَّةً أُخْرى.

قالَ هِـشامٌ: وَلَكِنَّ قَوْسَ قُزَحٍ لا يَظْهَرُ إِلّا بَعْدَ
نُزولِ الـمَطَرِ، والسُّحُبُ قَدِ اخْتَفَتْ مِنَ السَّماءِ.
قالتْ نادينُ: سَأَنْتَظِرُ حَتَّى تَجِيءَ السُّحُبُ
وَيَنْزِلَ الـمَطَرُ.

عادَ الأَوْلادُ إلى البَيْتِ، وجَلَسَتْ نادينُ وَحيدَةً تَنْظُرُ إلى السَّماء.
قالَ الصَّيّادُ: لِماذا تَجْلِسينَ وَحْدَكِ يا نادين؟
قالَتْ نادينُ: أَنْتَظِرُ حَتَّى يَنْزِلَ المَطَرُ، ويَظْهَرَ قَوْسُ قُزَح.
قالَ الصَّيّادُ: لَقَدْ غابَتِ الشَّمْسُ يا نادينُ، ولِكَيْ يَظْهَرَ قوسُ قُزَحٍ لا بُدَّ أَن تَطْلُعَ الشَّمسُ، انْظُري إلى السَّماءِ لَقَدْ غابَت.

قالتْ نادينُ: وأيْنَ ذَهَبَتِ الشَّمْـس؟

قالَ الصَّيَّادُ: ذَهَبَتْ إلى النّاحِيَةِ الأُخْرَى مِنَ الأرْض.

قالتْ نادينُ: هَلْ ذَهَبَتْ مَعَ قَوْسِ قُزَح؟

قالَ الصَّيَّادُ: رُبَّما.

عادَتْ نادينُ إلى البَيْتِ وهيَ تُفَكِّرُ:
الجَميعُ ذَهَبوا، قَوْسُ قُزَحٍ ذَهَبَ،

والسُّحُبُ ذَهَبَتْ، وحَتَّى الشَّمْسُ ذَهَبَتْ
إلى النّاحِيةِ الأُخْرَى مِنَ الأرْض.

في الصَّباحِ الباكِرِ عِنْدَما ذَهَبَ هِشامٌ وعُمَرُ لِلْبُحَيَرَةِ، وَجَدا نادينَ تَجْلِسُ وحيدَةً عَلى الشَّاطِئ تَنْظُرُ إلى السَّماء.

قالَ هِشامٌ: لِماذا خَرَجْتِ مُبَكِّرَةً ولَمْ تَنْتَظِرينا يا نادين؟

قالتْ نادين: أُريدُ أَنْ أَلحَقَ بِقَوْسِ قُزَحٍ وأراهُ عِنْدَما يَظْهَرُ، انْظُروا... في السَّماءِ شَمْسٌ وسُحُبٌ، ولا يَتَبَقَّى سِوى أَنْ يَنْزِلَ المَطَرُ ويَظْهَرَ قَوْسُ قُزَح.

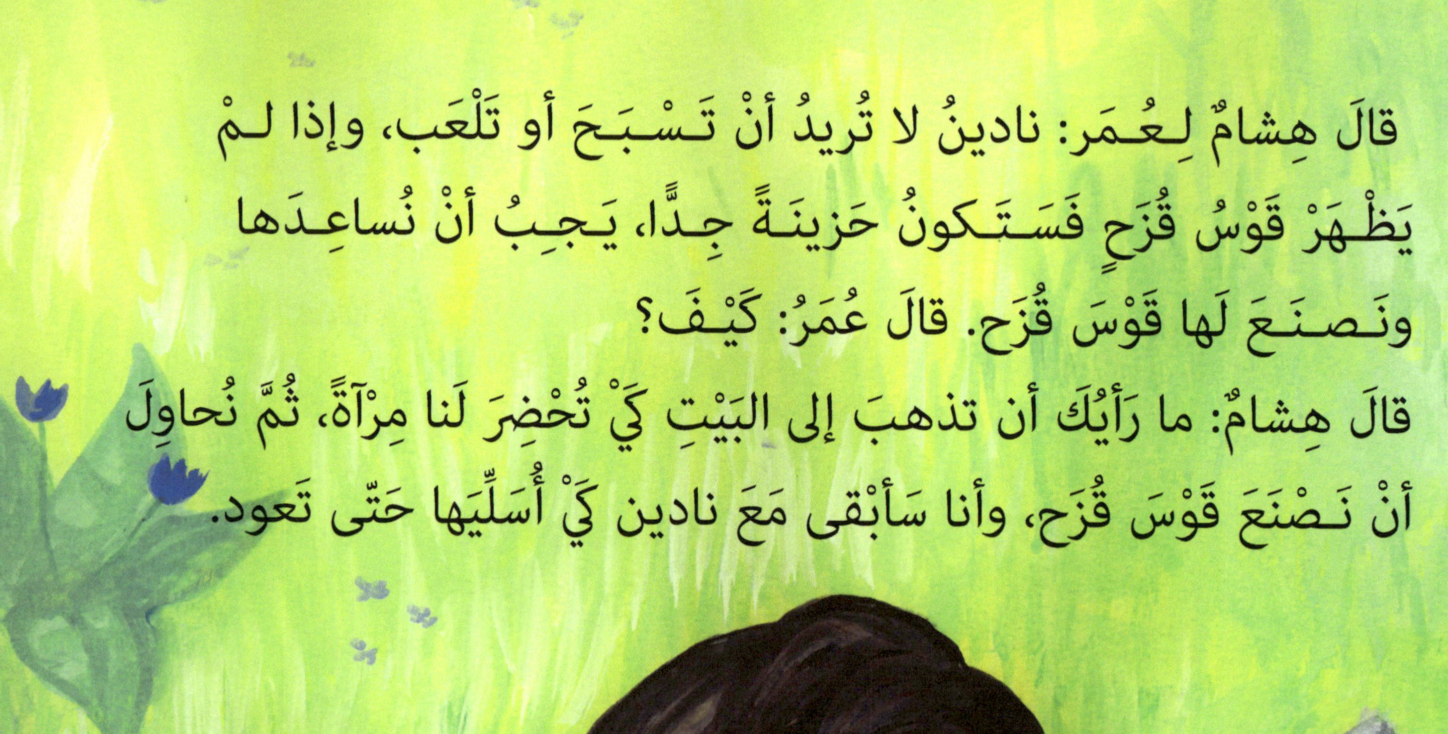

قالَ هِشامٌ لِعُـمَر: نادينُ لا تُريدُ أَنْ تَـسْبَـحَ أو تَلْعَب، وإذا لـمْ يَظْـهَرْ قَوْسُ قُزَحٍ فَسَـتَكونُ حَزينَةً جِدًّا، يَجِبُ أَنْ نُساعِدَها ونَـصـنَعَ لَها قَوْسَ قُزَح. قالَ عُـمَرُ: كَيْـفَ؟

قالَ هِشامٌ: ما رَأْيُكَ أَنْ تذهبَ إلى البَيْتِ كَيْ تُحْضِرَ لَنا مِرآةً، ثُمَّ نُحاوِلَ أَنْ نَـصْنَعَ قَوْسَ قُزَح، وأنا سَأَبْقى مَعَ نادين كَيْ أُسَلِّيَها حَتّى تَعود.

تَحَمَّسَ عُمَرُ وذَهَبَ إلى البَيْتِ مُسْرِعًا وهُوَ يُفَكِّر: كَيْفَ سَيَصْنَعُ قَوْسَ قُزَح.

أَخَذَ هِشامٌ يَرُشُّ نادينَ بِالماءِ وهُوَ يَقول: هَيّا، انْزِلي واسبحي مَعي حَتَّى يَعودَ عُمَر، لا أُحِبُّ أَنْ أَسْبَحَ وَحْدي.

قالتْ نادين: لا ... لا أُريدُ أَنْ أَلعَبَ، أُريدُ قَوْسَ قُزَح.

عِنْدَما عادَ عُمَرُ قَفَزَ بِسُرْعَةٍ في الماءِ، وأعْطَى المِرْآةَ لِهِشام، وَضَعَ
هِشامٌ المِرْآة في الماءِ ووَجَّهَها ناحِيَةَ الشَّمْسِ، لمّا سَقَطَتْ أشِعَّةُ
الشَّمْسِ عَلى المِرْآةِ مِنْ خِلالِ الماءِ ظَهَرَتْ ألوانُ قَوْسِ قُزَحٍ الجَميلة.
قالَ عُمَرُ: نَجَحْنا يا هِشام. وقالَ الصَّيّادُ: أفْكارُكُم مُدْهِشَةٌ يا أولاد.

أمّا نادينُ فَقَدْ قَفَزَتْ في الـماءِ ، وأخَذَتْ تُصَفِّقُ وتَقولُ: قَوْسُ قُزَحٍ جاءَ...جاءَ... جاءَ مِنْ بَعيدٍ ونَزَلَ الـماءَ. فَرِحَت نادين، وفَرِحَت مَعَها القِطَّةُ، والبَطَّةُ، والضَّفادِعُ والأسـماكُ في الـماءِ، وحَتّى الطُّيورُ الّتي تَقِفُ على شاطِئِ البُـحَيْرَةِ، والّتي تَطيرُ في السَّماء.

بَعْدَ قِرَاءةِ القِصَّةِ أقُومُ بِبَعْضِ الأنْشِطَةِ والنِّقَاشَات:

- -

- اقتِـراح: أقترِحُ عُنْوانًا جَديدًا لِلْقِصَّةِ.

- تَفكِير: هَلْ هَذِهِ القِصَّةُ حَقيقيَّةٌ أمْ خَياليَّةٌ؟ ولِماذا؟

- نِقاش: كيفَ يتكونُ قوسُ قُزحٍ؟

- مُلاحظة: ما الَّذي تَفعلُهُ القِطَّةُ في القِصَّةِ؟

- بَحث: أبْحَثُ عن صُور طبيعيَّةٍ جَميلةٍ لِقَوْسِ قُزَحٍ .

- أُجَرِّبُ... أن أُسلِّطُ الضَّوْءَ على كوبٍ أو إناءٍ مِنِ الزُّجاجِ...
ما الَّذي أُلاحِظُهُ؟